Bibliografische Information der Deutschen Nationalbibliothek:

Die Deutsche Bibliothek verzeichnet diese Publikation in der Deutschen National-
bibliografie; detaillierte bibliografische Daten sind im Internet über http://dnb.d-
nb.de/ abrufbar.

Impressum:

Copyright © 2013 GRIN Verlag, Open Publishing GmbH
Druck und Bindung: Books on Demand GmbH, Norderstedt Germany
ISBN: 978-3-656-45251-5

Dieses Buch bei GRIN:

http://www.grin.com/de/e-book/229623/hooliganismus-aktuelle-entwicklungen-
bei-sportereignissen

Sebastian Hochhaus

Hooliganismus. Aktuelle Entwicklungen bei Sportereignissen

GRIN Verlag

Fachhochschule für öffentliche Verwaltung NRW
Abteilung Gelsenkirchen
Studienabschnitt: FM 3
Fachbereich PVD
Soziologie

Hooliganismus – neue Entwicklungen

Sebastian Hochhaus

Abgabedatum: 16.05.13

Inhaltsübersicht:

1 Einleitung

In der nachfolgenden Referatsausarbeitung möchte ich mich mit dem Thema „Hooliganismus – neue Entwicklungen" befassen. Ich denke, dass dieser Themenkomplex ein sehr interessanter, dauerhaft aktueller und für die spätere polizeiliche Praxis (Bereitschaftspolizei) sehr wichtiger ist.

Die Aktualität zeigt sich dadurch, dass es stetig neue Meldung über Ausschreitungen mit Hooliganbeteiligung im Rahmen von Sportereignissen, insbesondere Fußballspielen, gibt.

Ein recht aktuelles Beispiel sind die Auseinandersetzungen bei der Begegnung zwischen Preußen Münster und Alemannia Aachen in der 3.Liga am 16.03.13. Dort hatten gewaltbereite Aachener Fans versucht, die Tribüne der Münsteraner Fans zu stürmen. Daraufhin kam es zu heftigen körperlichen Auseinandersetzungen mit der Polizei, was zur Folge hatte, dass 20 Personen verletzt wurden. Bemerkenswert ist dabei, dass es zu diesen Krawallen kam, obwohl die Polizei aus präventiven Aspekten bereits vor Anpfiff 107 als gewalttätig bekannte Aachener „Fans" wieder nach Hause geschickt hatte.[1]

Im Folgenden soll das Phänomen Hooligan also genauer erläutert werden.

2 Der Hooligan

In diesem Abschnitt werde ich den Terminus „Hooligan" erklären. Außerdem soll kurz auf die Entstehung und Historie der Hooliganszene eingegangen und typische Merkmale sowie Verhaltensweisen von Hooligans dargestellt werden.

2.1 Definitionen und Begriffserklärung

Zu Beginn soll der Begriff des Hooligans passend definiert werden. Dazu bediene ich mich einer Definition des Bundestages, welcher den Begriff des Hooligans meiner Meinung nach sehr treffend definiert hat. So seien Hooligans „ *Personen,*

---

[1] Vgl. *Heflik,* 2013

1

die im Zusammenhang mit Fußballbegegnungen durch Aggression und
Gewaltbereitschaft auffallen und den Kontakt zu Gleichgesinnten des gegnerischen
Vereins zur körperlichen Auseinandersetzung suchen"[2].

Dazu ist zu sagen, dass diese Definition einer Stellungnahme zum Thema „Gewalt beim Fußball" entstammt. Aber auch sonst wird Hooliganismus in den meisten Fällen mit Fußball verbunden. Tatsächlich tritt er dort auch in den meisten Fällen auf, es gibt aber auch andere Sportarten, die dieses Phänomen aufweisen. Beispiele dafür sind vor allem Eishockey oder auch Handball.

Sonst denke ich, dass diese Definition sehr passend ist, da der moderne Hooligan sich vornehmlich mit anderen Hooligans duellieren möchte, aber auch darüber hinaus sehr aggressiv ist. Dies äußert sich in Angriffen auf Unbeteiligte, aber auch in vandalistischen Zügen (Verwüstung von Innenstädten etc.).

2.2 Entstehung und Historie

Zunächst ist zu sagen, dass es mehrere Berichte darüber gibt, wie der Begriff „Hooligan" entstanden sein könnte, es aber nicht abschließend bewiesen werden kann.

Die am meisten verbreitete Version besagt, dass der Begriff auf eine irisch stämmige Familie namens „O`Hoolihan" zurückzuführen sei. Diese habe im 19.Jahrhundert in London gelebt und dort durch diverse heftige Prügeleien auf sich aufmerksam gemacht. Ein weiterer Mythos besagt, „Hooligan" von einem Iren namens Patrick Hooligan stammt, da dieser als Anführer einer Jugendbande in einem Polizeibericht in London von 1898 genannt wird.[3]

Außerdem könnte der Begriff Hooligan auch dem irischen Wort „hooley" entstammen, was „wild" bedeutet.[4]

In der Fußballszene tritt der Terminus „Hooligan" vermehrt seit etwa 1960 auf. Zunächst waren Hooligans in englischen Stadien präsent, ehe sie auch in Deutschland ab ca. 1980 der Szene der Kuttenträger entsprangen, auf welche im Rahmen dieser Ausarbeitung nicht genauer eingegangen werden kann.

---

[2] *Bundestag,* 2011
[3] Vgl. *Giurgi,* 2008, S.11 (zit. nach *www.euro08-tickets.ch*)
[4] Vgl. *Giurgi,* 2008, S.11 (zit. nach *www.euro08-tickets.ch*)

2.3 Merkmale und Verhaltensweisen

In diesem Punkt beschäftige ich mich mit dem Aspekt, in wie weit sich ein Hooligan charakterisieren lässt. Allerdings ist gleich zu betonen, dass es **den** Hooligan, also eine Art Prototypen, nicht gibt, da die Szene sehr vielschichtig ist und sich ständig weiterentwickelt. Zunächst soll der ursprüngliche, allgemeine Hooligan dargestellt werden.

Sicher ist vor allem, dass sich Hooligans aus allen sozialen Schichten zusammensetzen und auch bezüglich schulischer Bildung oder Berufsstatus nicht genauer ausdifferenziert werden können.[5] Das Alter der meisten Hooligans beläuft sich auf 18-40 Jahre. Die Aussage von Meier fasst diese Ausführungen denke ich treffend zusammen, in der er sagt, dass es unter Hooligans *„Arbeitslose, Lehrlinge, Angestellte oder Studenten, sowie Jugendliche von 14 Jahren und Familienväter mit 30 Jahren"*[6] gebe.

Ein Grund, warum sich so viele Personen mit der Hooliganszene identifizieren können, könnte sein, dass diese u.a. *„auf keiner übergeordneten politischen Ideologie"*[7] basiert. Da es also keinen politischen Leitsatz oder ähnliches gibt, haben mehr Personen die Möglichkeit, sich mit Hooliganismus zu identifizieren. Zwar sind einige Hooliganszenen rechtsradikal unterwandert, was die vorige These entkräften könnte, doch ist dies längst nicht bei allen Hooliganmobs der Fall und dieses sehr komplexe Phänomen muss im Rahmen dieses Referates ausgeklammert werden.

Ein weiteres Merkmal von Hooligans, das bei der Recherche in der Literatur durchgängig bejaht wird, ist, dass Hooligans in den meisten Fällen ein regelrechtes Doppelleben führen. So hätten Hooligans *„ihre bürgerliche Alltagsidentität und eben ihre sub- bzw. jugendkulturelle Hooliganidentität"*[8]. Dieses Zitat beschreibt die Situation optimal. Im Alltag leben Hooligans ihr ganz normales Leben als Familienvater, Bankkaufmann oder auch Arbeitsloser und zeigen dabei kein aggressives oder auffälliges Verhalten. An Spieltagen werden sie dann aber so zu sagen zu anderen Persönlichkeiten und leben die Faszination Gewalt und die damit verbundene Aggressivität voll aus. Genau das macht dann auch den Reiz oder den

---

[5] Vgl. *Meier*, 2001, S.59 und *Pilz*, 2005, S.6
[6] *Meier*, 2001, S.59
[7] *Meier*, 2001, S.59
[8] *Pilz*, 2005, S.6

3

oft beschriebenen „Kick" des Hooligan seins aus, einfach völlig vom Alltag abzuschalten und bei körperlichen Auseinandersetzungen voller Adrenalin die Gewalt regelrecht zu erleben.

Des Weiteren kann auch die äußere Erscheinung von Hooligans nicht verallgemeinernd dargestellt werden. Allerdings ist es üblich, dass Hooligans keine Kleidung tragen, die mit einem bestimmten Verein in Zusammenhang gebracht werden kann. Gründe dafür sind vor allem, von der Polizei, vor allem im Umfeld des Stadions, nicht als Fußballfans bzw. direkt als Hooligans erkannt werden zu können.[9] Es gibt auch berichte darüber, dass manche Hooliganmobs bewusst Kleidung einer bestimmten Marke tragen, um sich als Gruppierung zu präsentieren und zu identifizieren. Auch die Provokation anderer Hooligangruppen, z.b. durch das Tragen einheitlicher, besonders teurer Kleidung, ist durch manche Hooliganmobs festzustellen.[10]

Bei einigen Hools ist es auch gewöhnlich, Kleidung in einheitlicher Farbe zu tragen, was vor allem bei den so genannten „Drittortauseinandersetzungen", oder auch „Dritte Halbzeit" genannt, den Sinn hat, sich gegenseitig zu erkennen und nicht versehentlich einen Hool aus der eigenen Gruppe anzugreifen.

Auch aufgrund dieser Vielfalt gibt es natürlich auch die Hooligans, die man sich typischerweise vorstellt, also relativ kräftige, tätowierte Männer mit Glatze, die „Bomberjacken" tragen. Dies ist wie gesagt aber nicht die Regel.

Hooligangruppierungen an sich werden als recht *„lose organisiert"*[11] beschrieben. Die Größe der Gruppierung variiert je nach Bekanntheit des Vereins bzw. auch dem Einzugsgebiet des Vereins. Als Treffpunkt dienen gewisse Lokale oder fast schon gruppeninterne Lokalitäten. Die Gelsenkirchener Hooliganszene hat ihr Lokal z.B. direkt gegenüber der alten Spielstätte des Vereins, der „Glückauf Kampfbahn".

Die Hauptaktivität von Hooligans liegt darin, sich mit anderen Hools zu körperlichen Auseinandersetzungen zu verabreden. Diese werden dann wie gesagt „Drittortauseinadersetzungen" oder auch „Dritte Halbzeit" genannt.[12] Diese werden in der Regel lange im Voraus via Internet oder Telefon vereinbart, können sich aber auch recht spontan ergeben.[13]

---

[9] Vgl. *Giurgi*, 2008, S.20
[10] Vgl. *Giurgi*, 2008, S.20
[11] *Meier*, 2001, S.62
[12] Vgl. *Meier*, 2001, S.60
[13] Vgl. *Meier*, 2001, S.60

Diese Auseinandersetzungen finden dann gewöhnlich an abgelegenen Orten wie Äckern, Waldstücken oder verlassenen Parkplätzen statt. Besonders zur „Blütezeit" der Hooligans (in Deutschland 1980 – 1990) kam es aber oft zu Ausschreitungen um das und im Stadion, dies ist jetzt allerdings die Ausnahme.

Diese „Dritte Halbzeit" stellt dann eine Art Wettkampf dar, für die auch gewisse Regeln in Form eines Ehrenkodexes existent sein sollen, der allerdings nicht bewiesen werden kann. Dieser verbietet u.a. Waffen, das Angreifen am Boden liegender Personen und besagt, dass jedes Hooligan - „Team" aus etwa gleich vielen Personen bestehen soll. Unbeteiligte sollen auch nicht angegriffen werden.[14] Viele Hooligans bereiten sich extra für dieses Ereignis z.B. in Form von Kampfsport vor.[15]

3 Entwicklungen der Hooliganszene / heutige Erscheinung

Wie schon erwähnt, hatten Hooligans ihre Blütezeit in den 1980er und 1990er Jahren. Zu dieser Zeit waren sie auch *„aufgrund ihrer Präsenz und Aggressivität in und um den Stadien sowie aufgrund von Medienberichten über Hooligan-Ausschreitungen die auffälligste Fangruppierung."*[16] Diesen Status haben nun allerdings die so genannten „Ultras" inne (siehe Referat Rene Lorenz). Durch präventive und repressive Maßnahmen treten Hooligans heute nur noch selten in Stadien in Profiligen auf und sind stattdessen in unterklassigen Ligen, in denen viele Traditionsvereine, die ehemals im Profifußball spielten, aktiv sind und immer noch viele Fans haben, zu finden.[17] Ein Beispiel dafür ist Rot – Weiß Essen. Deutlich zu erwähnen ist auch, dass der Prozess der Ausdifferenzierung der Hooligans stetig weitergeht, was u. a zur Folge hat, dass sich die Hooligangewalt immer mehr vom Fußballspiel an sich löst.[18] Ein Faktor, der diesen Prozess vorantreibt ist, dass immer mehr junge Erwachsene zu den Hooliganmobs stoßen, die im Gegensatz zur ersten Generation der Hools, nur das Erlebnis der Gewalt

---

[14] Vgl. *Brauer*, 2010, S.24
[15] Vgl. Giurgi, 2008, S.25
[16] *Brauer*, 2010, S.25
[17] Vgl. *Brauer*, 2010, S.26
[18] Vgl. *Pilz*, 2005, S. 5

suchen[19]. Die nun „Alt"-Hools hingegen entsprangen wie schon gesagt der Szene der Kuttenträger und sind demnach mit einem Verein in gewisser Weise verbunden bzw. kämpfen sogar in einer Art für den Verein. Somit steht also immer weniger der Verein, der verkörpert wird, im Vordergrund, sondern immer mehr die Faszination Gewalt an sich.

Die Szene wird auch allein dadurch schon verändert, da sich die ursprünglichen Hooligans nach und nach (mit spätestens ca. 40 Jahren) aus den jeweiligen Gruppierungen zurückziehen. Dies hat neben beruflichen auch vor allem familiäre Gründe.

Die jüngere Hooligangeneration zeigt sich zudem deutlich aggressiver und gewaltbereiter als es zuvor der Fall war. Dies hat vor allem den Grund, weil nun wie gesagt die Gewalt an sich mehr im Vordergrund denn je steht und die jungen Hooligans sich durch besonders forsches Auftreten den Respekt der älteren Hools verdienen wollen, um einen Platz in der Gruppe einzunehmen.[20]

Durch diese strukturelle Veränderung der Hooligangruppen wird auch der besagte Ehrenkodex immer mehr ignoriert, sodass vermehrt Waffen eingesetzt werden und es auch immer öfter zu angriffen auf unbeteiligte Personen[21] oder auch zu Verwüstungen von Innenstädten kommt.

Ein weiteres Ergebnis der Ausdifferenzierung von Hooligans sind die so genannten „Hooltras", was allerdings ausdrücklich gesagt nur in weitem Sinne so aufzufassen ist. Diese neue Erscheinungsform von Fans zählt nämlich eigentlich zu den Ultras, da sie deren Prinzipien vertreten. Allerdings weisen sie auch die Gewaltbereitschaft von Hooligans auf.[22] Somit soll diese neue Fanart lediglich die ständige Entwicklung von Hooligans herausstellen, und aufzeigen, dass das Phänomen Hooligan neben der beschriebenen Reinform also auch als eine Art kombinierte Form auftreten kann.

---

[19] Vgl. *Meier,* 2001, S.66
[20] Vgl. *Brauer,* 2010, S.27
[21] Vgl. Meier, 2001, S.63
[22] Vgl. Giurgi, 2008, S.50

4 Fazit

Durch die Bearbeitung des Themas wurde klar deutlich, dass das Phänomen Hooligans ständig aktuell und extrem facettenreich ist. Den typischen Hooligan gibt es zweifelsfrei nicht, da die Gruppierung der Hooligans zu vielschichtig ist. Außerdem unterliegt die Gruppierung der Hooligans, wie auch die gesamte Fanszene, einer ständigen Entwicklung, wodurch die einzelnen Fangruppen immer weiter ausdifferenziert werden.

Besonders aufgrund dieser ständigen Entwicklung wird dieses Thema darüber hinaus auch in den nächsten Jahren spannend zu beobachten sein und nicht an Bedeutung für die polizeiliche Praxis verlieren.

Literaturverzeichnis:

Bundestag: Gewalt beim Fußball,
                                  http://dip21.bundestag.de/dip21/btd/17/080/1708
                                  051.pdf,
                                  vom 02.12.2011, download vom 10.04.2013

Brauer, Marcus: Foulspiel auf den Rängen, Hamburg, 2010

Giurgi, Paulin: Gewalt bei Sportereignissen, Marburg, 2008

Meier, Ingo-Felix: Hooliganismus in Deutschland, 1.Auflage, Berlin,
                                  2001

Pilz, Gunter A.:   Fußball ist unser Leben!? – Leerformel oder
                                  gesellschaftspolitische Herausforderung,
                                  http://www.sportwiss.uni-
                                  hannover.de/fileadmin/sport/pdf/onlinepublikatio
                                  nen/pil_fuss_leben.pdf,
                                  download vom 10.04.2013

BEI GRIN MACHT SICH IHR WISSEN BEZAHLT

- Wir veröffentlichen Ihre Hausarbeit, Bachelor- und Masterarbeit

- Ihr eigenes eBook und Buch - weltweit in allen wichtigen Shops

- Verdienen Sie an jedem Verkauf

Jetzt bei www.GRIN.com hochladen und kostenlos publizieren